First 500 Words
ENGLISH - FRENCH

500 premiers mots
FRANÇAIS - ANGLAIS

AWARD PUBLICATIONS LIMITED

ISBN 978-1-78270-197-2
Copyright © Award Publications Limited. All rights reserved
Illustrated by Terry Burton with additional illustrations by Angie Hewitt
This edition first published 2017
Published by Award Publications Limited, The Old Riding School, Welbeck, Worksop, S80 3LR
17 1 Printed in Malaysia

Contents
Table des matières

0 zero
zéro

I one
un

2 two
deux

3 three
trois

4 four
quatre

5 five
cinq

6 six
six

7 seven
sept

8 eight
huit

9 nine
neuf

10 ten
dix

20 twenty
vingt

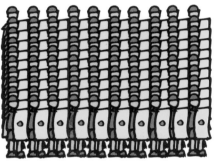

100 one hundred
cent

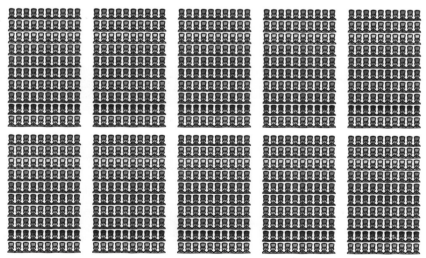

1,000 one thousand
mille

Colours and Shapes
Les couleurs et les formes

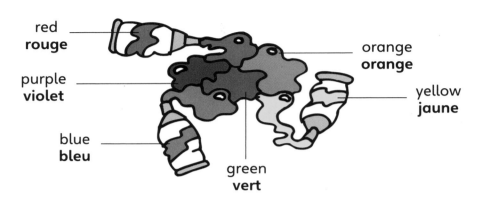

red
rouge

orange
orange

purple
violet

yellow
jaune

blue
bleu

green
vert

black
noir

white
blanc

grey
gris

pink
rose

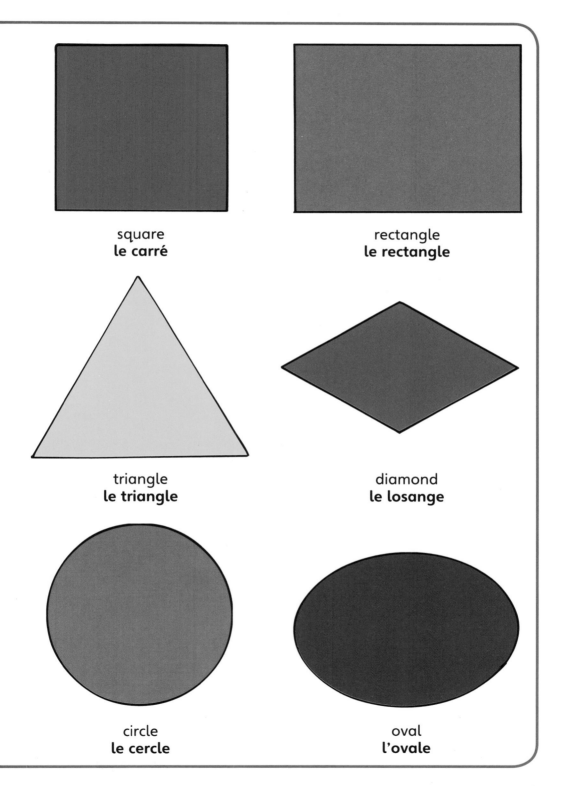

square
le carré

rectangle
le rectangle

triangle
le triangle

diamond
le losange

circle
le cercle

oval
l'ovale

My Body
Les parties du corps

head
la tête

face
le visage

ear
l'oreille

neck
le cou

back
le dos

thumb
le pouce

bottom
le derrière

finger
le doigt

ankle
la cheville

foot
le pied

heel
le talon

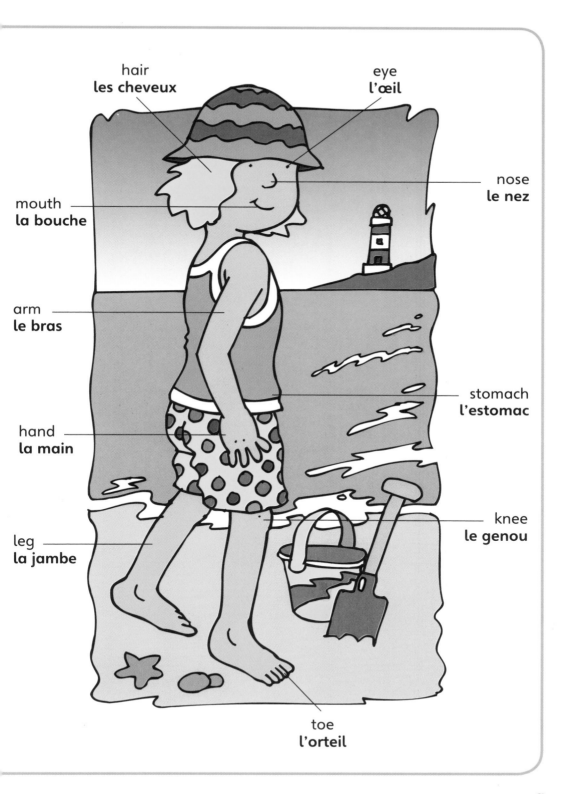

hair
les cheveux

eye
l'œil

nose
le nez

mouth
la bouche

arm
le bras

stomach
l'estomac

hand
la main

knee
le genou

leg
la jambe

toe
l'orteil

hat
le chapeau

coat
le manteau

scarf
l'écharpe

trousers
le pantalon

shorts
le short

dungarees
la salopette

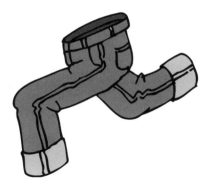

jeans
le jean

shirt
la chemise

T-shirt
le tee-shirt

skirt
la jupe

dress
la robe

sweater
le pull-over

Things to Wear
Des choses à porter

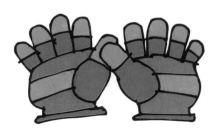

gloves
les gants

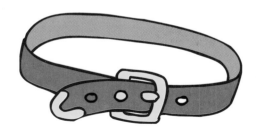

belt
la ceinture

tie
la cravate

glasses
les lunettes

sunglasses
les lunettes de soleil

watch
la montre

socks
les chaussettes

shoes
les chaussures

boots
les bottes

sandals
les sandales

sports shoes
les baskets

slippers
les pantoufles

The House
La maison

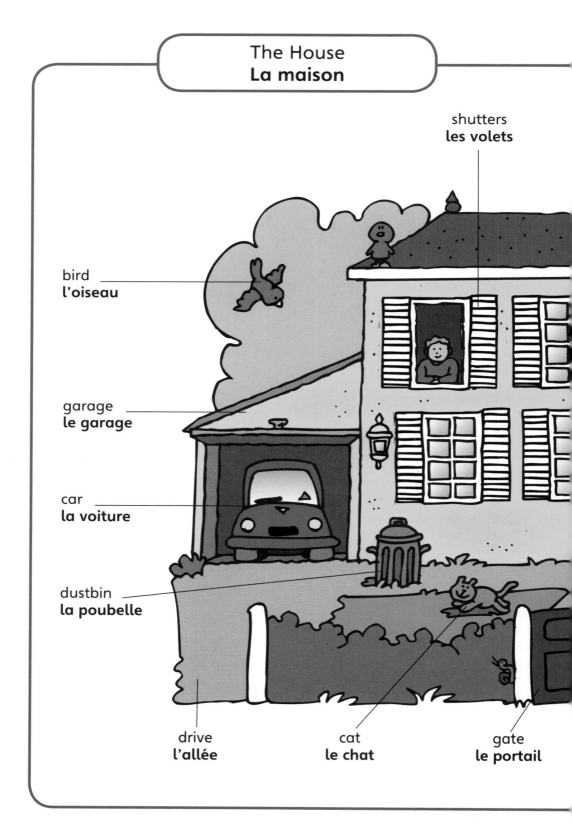

shutters
les volets

bird
l'oiseau

garage
le garage

car
la voiture

dustbin
la poubelle

drive
l'allée

cat
le chat

gate
le portail

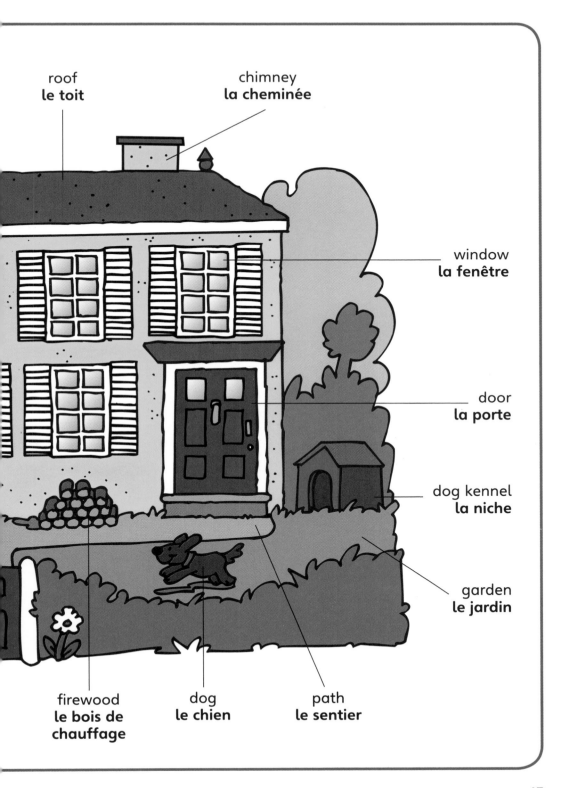

roof
le toit

chimney
la cheminée

window
la fenêtre

door
la porte

dog kennel
la niche

garden
le jardin

firewood
le bois de chauffage

dog
le chien

path
le sentier

armchair
le fauteuil

sofa
le canapé

fireplace
la cheminée

cupboard
le placard

television
la télévision

stereo
la chaîne hi-fi

photograph
la photo

cushion
le coussin

lamp
la lampe

carpet
la moquette

chair
la chaise

high chair
la chaise haute

table
la table

vase of flowers
le vase de fleurs

cup
la tasse

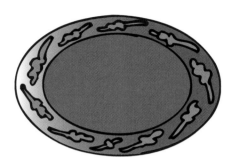

plate
l'assiette

knife
le couteau

fork
la fourchette

spoon
la cuillère

salt and pepper
le sel et le poivre

oven
le four

sink
l'évier

washing machine
la machine à laver

fridge
le frigo

microwave oven
le four à micro-ondes

kettle
la bouilloire

saucepan
la casserole

toaster
le grille-pain

radio
la radio

stool
le tabouret

The Bedroom
La chambre

bed
le lit

duvet
la couette

pillow
l'oreiller

dressing gown
la robe de chambre

alarm clock
le réveil

toys
les jouets

shelf
l'étagère

mirror
le miroir

chest of drawers
la commode

wardrobe
l'armoire

brush
la brosse à cheveux

comb
le peigne

toothbrush
la brosse à dents

toothpaste
le dentifrice

soap
le savon

towel
la serviette

washbasin
le lavabo

shower
la douche

toilet
les toilettes

bath
la baignoire

stairs
l'escalier

telephone
le téléphone

hook
le crochet

hatstand
le portemanteau

front door
la porte d'entrée

doormat
le paillasson

The Office
Le bureau

desk
le bureau

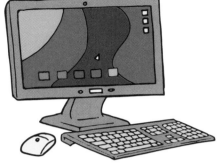

computer
l'ordinateur

printer
l'imprimante

bookshelf
l'étagère

files
les dossiers

mobile phone
le téléphone portable

The Garden
Le jardin

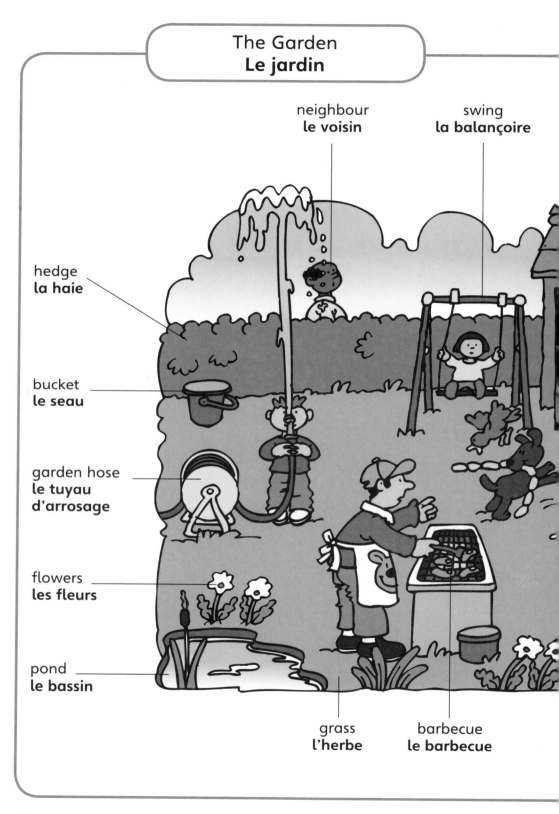

neighbour
le voisin

swing
la balançoire

hedge
la haie

bucket
le seau

garden hose
**le tuyau
d'arrosage**

flowers
les fleurs

pond
le bassin

grass
l'herbe

barbecue
le barbecue

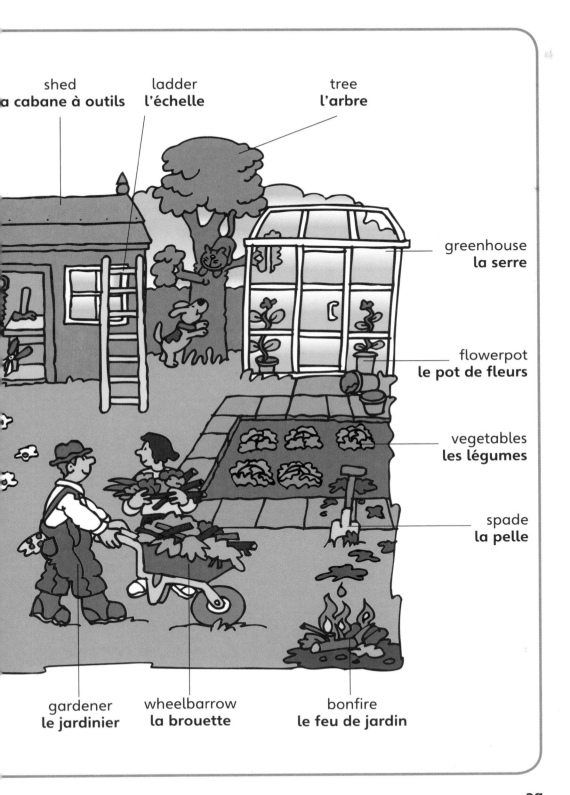

shed
a cabane à outils

ladder
l'échelle

tree
l'arbre

greenhouse
la serre

flowerpot
le pot de fleurs

vegetables
les légumes

spade
la pelle

gardener
le jardinier

wheelbarrow
la brouette

bonfire
le feu de jardin

The Town
La ville

shops
les magasins

library
la bibliothèque

museum
le musée

swimming pool
la piscine

school
l'école

factory
l'usine

cinema
le cinéma

theatre
le théâtre

car park
le parking

railway station
la gare

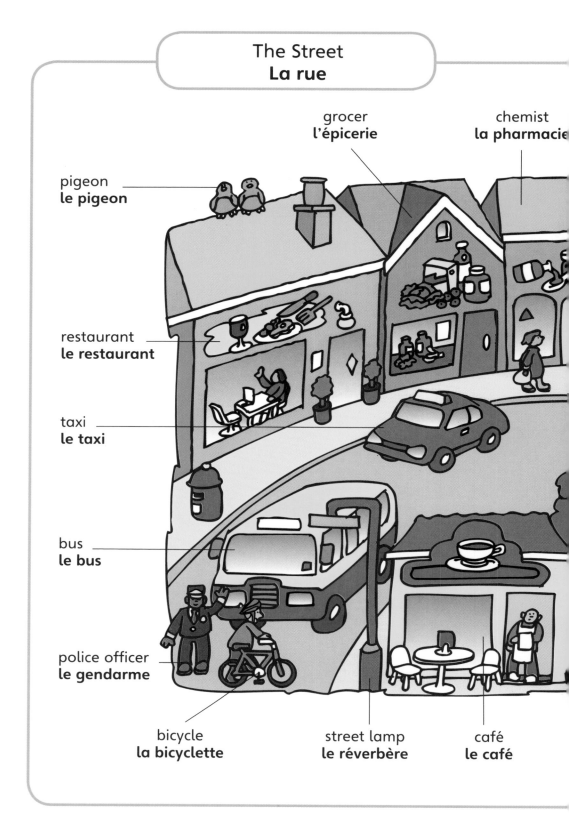

The Street
La rue

grocer
l'épicerie

chemist
la pharmacie

pigeon
le pigeon

restaurant
le restaurant

taxi
le taxi

bus
le bus

police officer
le gendarme

bicycle
la bicyclette

street lamp
le réverbère

café
le café

baker
a boulangerie

newsagent
le marchand de journaux

post office
la poste

builder
la maçon

musician
le musicien

pedestrian
le piéton

butcher
la boucherie

zebra crossing
le passage piétons

The Park
Le jardin public

fountain
la fontaine

picnic
le pique-nique

lake
le lac

ducks
les canards

slide
le toboggan

see-saw
la bascule

flowers
les fleurs

bandstand
le kiosque à musique

park keeper
le gardien

bench
le banc

ward
la salle d'hôpital

doctor
le médecin

patient
le malade

nurse
l'infirmière

ambulance
l'ambulance

medicine
les médicaments

At the Dentist
Chez le dentiste

dentist
le dentiste

dentist's chair
le fauteuil de dentiste

drill
la fraise du dentiste

dental nurse
l'assistante dentaire

dentist's mirror
le miroir du dentiste

teeth
les dents

teacher
le maître

pupils
les élèves

computer
l'ordinateur

book
le livre

calculator
la calculatrice

felt-tip pens
les feutres

pencils
les crayons

paper
le papier

paints
les peintures

painting
le tableau

scissors
les ciseaux

ruler
la règle

The Restaurant
Le restaurant

chef
le chef cuisinier

waiter
le serveur

waitress
la serveuse

tray
le plateau

glasses
les verres

meal
le repas

The Supermarket
Le supermarché

trolley
le chariot

cans
les boîtes de conserve

basket
le panier

shop assistant
la vendeuse

checkout
la caisse

money
l'argent

cheese
le fromage

bread
le pain

fish
le poisson

meat
la viande

cereal
les céréales

eggs
les œufs

Drinks
Les boissons

mineral water
l'eau minérale

milk
le lait

fruit juice
le jus de fruit

fizzy drinks
les boissons gazeuses

coffee
le café

tea
le thé

Fruit
Les fruits

apple
la pomme

banana
la banane

grapes
les raisins

orange
l'orange

strawberry
la fraise

pineapple
l'ananas

Vegetables
Les légumes

onions
les oignons

potatoes
les pommes de terre

green beans
les haricots verts

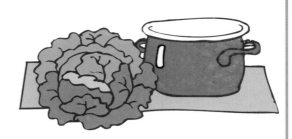

cabbage
le chou

carrots
les carottes

corn
le maïs

Party Time!
La fête

cracker
le pétard

chocolates
les chocolats

balloons
les ballons

paper hat
**le chapeau
en papier**

pasta
les pâtes

burgers
les hamburgers

guest
l'invité

pizza
la pizza

lemonade
la limonade

cake
le gâteau

candles
les bougies

magician
le magicien

ice cream
la glace

presents
les cadeaux

sandwiches
les sandwiches

birthday cards
les cartes d'anniversaire

father
le père

mother
la mère

daughter
la fille

son
le fils

brother
le frère

sister
la sœur

grandpa
le grand-père

grandma
la grand-mère

aunt
la tante

uncle
l'oncle

cousin
le cousin

cousin
la cousine

golf
le golf

showjumping
le concours hippique

gymnastics
la gymnastique

judo
le judo

skiing
le ski

swimming
la natation

football
le football

cricket
le cricket

tennis
le tennis

baseball
le base-ball

skateboarding
la planche à roulettes

athletics
l'athlétisme

Pastimes
Les passe-temps

painting
la peinture

singing
le chant

reading
la lecture

dancing
la danse

camping
le camping

cycling
le cyclisme

Games and Toys
Les jeux et les jouets

jigsaw puzzle
le puzzle

ball
le ballon

board game
le jeu de société

computer game
le jeu électronique

doll
la poupée

teddy bear
l'ours en peluche

piano
le piano

guitar
la guitare

cymbals
les cymbales

drums
les tambours

triangle
le triangle

tambourine
le tambourin

trumpet
la trompette

orchestra
l'orchestre

violin
le violon

harp
la harpe

clarinet
la clarinette

recorder
la flûte à bec

The Countryside
La campagne

village
le village

mountains
les montagnes

forest
la forêt

footpath
le sentier

waterfall
la cascade

river
la rivière

fruit tree
l'arbre fruitier

palm tree
le palmier

bush
le buisson

cactus
le cactus

flowers
les fleurs

seeds
les graines

Wild Animals
Les animaux sauvages

wolf
le loup

fox
le renard

deer
la biche

badger
le blaireau

otter
la loutre

hare
le lièvre

squirrel
l'écureuil

mouse
la souris

bat
la chauve-souris

mole
la taupe

snail
l'escargot

caterpillars
les chenilles

vulture
le vautour

antelope
l'antilope

giraffe
la girafe

tiger
le tigre

monkey
le singe

leopard
le léopard

gorilla
le gorille

crocodile
le crocodile

hippopotamus
l'hippopotame

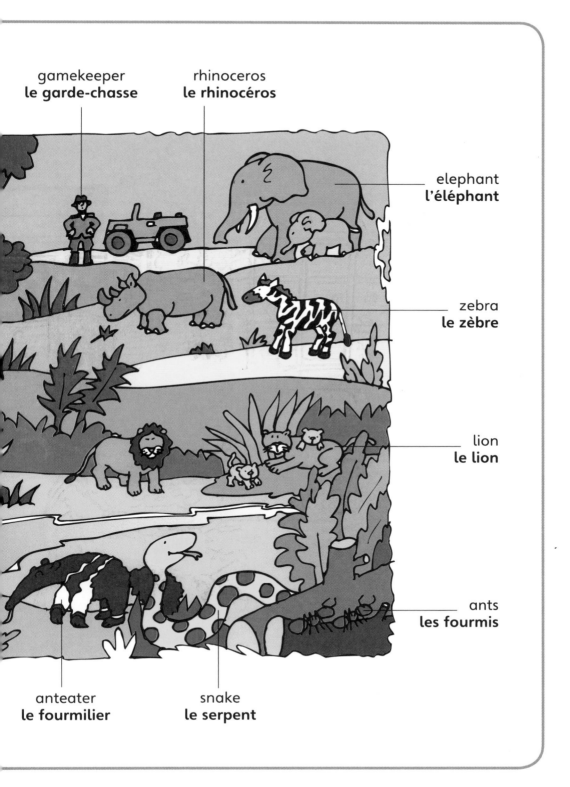

gamekeeper
le garde-chasse

rhinoceros
le rhinocéros

elephant
l'éléphant

zebra
le zèbre

lion
le lion

ants
les fourmis

anteater
le fourmilier

snake
le serpent

Farm Animals
Les animaux de la ferme

cow
la vache

pig
le cochon

donkey
l'âne

sheep
le mouton

goat
la chèvre

horse
le cheval

farmer
le fermier

fence
la barrière

stable
l'écurie

tractor
le tracteur

cart
le chariot

harvest
la moisson

Pets
Les animaux domestiques

dog
le chien

puppy
le chiot

cat
le chat

kitten
le chaton

horse
le cheval

rabbit
le lapin

hamster
le hamster

guinea pig
le cochon d'Inde

budgie
la perruche

goldfish
le poisson rouge

rat
le rat

tarantula
la tarentule

Birds
Les oiseaux

eagle
l'aigle

owl
le hibou

gull
la mouette

robin
le rouge-gorge

parrot
le perroquet

swan and cygnets
le cygne et les jeune cygnes

butterfly
le papillon

beetle
le scarabée

bees
les abeilles

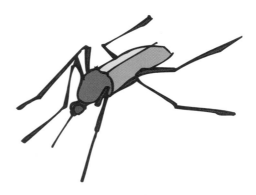

mosquito
le moustique

fly
la mouche

ant
la fourmi

lizard
le lézard

snake
le serpent

tortoise
la tortue

turtle
la tortue de mer

crocodile
le crocodile

dinosaur
le dinosaure

fish
le poisson

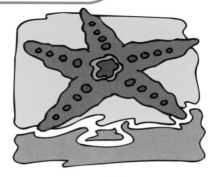

starfish
l'étoile de mer

octopus
la pieuvre

seal
le phoque

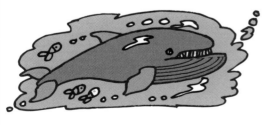

whale
la baleine

shark
le requin

The Seaside
Le bord de mer

lighthouse
le phare

island
l'île

sky
le ciel

windsurfer
le planchiste

swimmer
le nageur

sun screen
la crème solaire

deckchair
le transat

beach
la plage

crab
le crabe

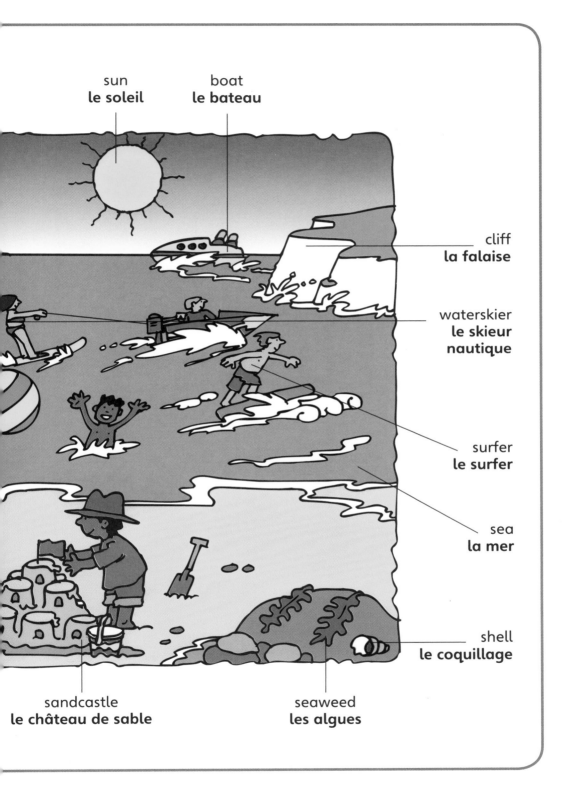

sun
le soleil

boat
le bateau

cliff
la falaise

waterskier
le skieur nautique

surfer
le surfer

sea
la mer

shell
le coquillage

sandcastle
le château de sable

seaweed
les algues

Transport
Le transport

car
la voiture

bus
l'autobus

truck
le camion

ambulance
l'ambulance

motorbike
la moto

bicycle
la bicyclette

train
le train

ship
le bateau

aeroplane
l'avion

helicopter
l'hélicoptère

yacht
le voilier

canoe
le canoë

Seasons and Weather
Les saisons et le temps

spring
le printemps

summer
l'été

autumn
l'automne

winter
l'hiver

sunshine
le soleil

cloud
le nuage

rainbow
l'arc-en-ciel

rain
la pluie

fog
le brouillard

lightning
l'éclair

ice
la glace

snow
la neige

Days of the Week
Les jours de la semaine

Monday
lundi

Tuesday
mardi

Wednesday
mercredi

Thursday
jeudi

Friday
vendredi

Saturday
samedi

Sunday
dimanche

January
janvier

February
février

May
mai

June
juin

September
septembre

October
octobre

March
mars

April
avril

July
juillet

August
août

November
novembre

December
décembre

Time
Le temps

morning
le matin

afternoon
l'après-midi

evening
le soir

night-time
la nuit

daytime
le jour

noon/midnight
midi/minuit

What time is it?
Quelle heure est-il?

It is one o'clock.
Il est une heure.

one o'clock
une heure

quarter past one
une heure et quart

half past one
une heure et demie

quarter to one
une heure moins le quart

sleep
dormir

wake up
se réveiller

play
jouer

run
courir

drink
boire

eat
manger

read
lire

write
écrire

want
vouloir

give
donner

see
voir

speak
parler

teacher
la maîtresse

firefighters
les pompiers

scientist
la scientifique

dancers
les danseurs

builder
la maçon

baker
le boulanger

fisherman
le pêcheur

office worker
l'employé de bureau

pilot
le pilote

vet
la vétérinaire

astronaut
l'astronaute

police officer
la gendarme

large
grand

small
petit

fat
gros

thin
maigre

fast
rapide

slow
lent

dry
sec

wet
mouillé

hot
chaud

cold
froid

happy
heureux

sad
triste

Where Is It?
Où est-ce que c'est?

on
sur

under
sous

in
dans

out
dehors

left
à gauche

right
à droite

en-haut

low
en-bas

above
au-dessus

below
en-dessous

in front
devant

behind
derrière

Hello.
Bonjour.

Goodbye.
Au revoir.

How are you?
Comment vas-tu?

Very well, thank you.
Très bien merci.

What is your name?
Comment tu t'appelles?

My name is Peter.
Je m'appelle Peter.

How old are you?
Quel âge as-tu?

I am five years old.
J'ai cinq ans.

Where do you live?
Où est-ce que tu habites?

I live in England.
J'habite en Angleterre.

Where do you live?
Où est-ce que tu habites?

I live in France.
J'habite en France.

ENGLISH INDEX
INDEX ANGLAIS